9,80

Rudolf Otto Wiemer
Nele geht nach Bethlehem

Rudolf Otto Wiemer

NELE * GEHT
NACH
BETHLEHEM

Eine Geschichte zu Weihnachten

und sonst auch

Mit Federzeichnungen

von Marie Marcks

*Für Anne
mit guten Wünschen –
Rudolf Otto Wiemer*

J. F. Steinkopf Verlag Stuttgart

FÜR KATJA UND CHRISTINA

Der Text dieses Buches liegt einer (leicht gekürzten)
Lese-Szene zugrunde, die für dialogisches Lesen
und Spielen bestimmt und im Deutschen Theaterverlag,
Weinheim, erschienen ist.

3. Auflage 1978
Bilder: Marie Marcks
Satz: Linotype Aldus
Druck: Gutmann + Co., 7100 Heilbronn
Alle Rechte vorbehalten
© J. F. Steinkopf Verlag GmbH, Stuttgart 1963
ISBN (Ausgabe ohne Dias) 3 7984 0140 3
ISBN (Ausgabe mit Dias) 3 7984 0344 9

Es war kurz vor Weihnachten, Neles Mutter hatte den ganzen Tag zu tun. Sie schürte den Ofen, sie ließ den Staubsauger brummen, dann schrubbte sie, dann kochte sie, dann nähte sie, dann putzte sie die Fenster, dann sagte sie: „Je, es wird schon dunkel." Nele blickte in die Flocken hinaus und sah zu, wie es dunkel wurde. Plötzlich fragte sie: „Mutter, wo ist Bethlehem?"

Die Mutter nahm eine Schüssel aus dem Schrank, ein Messer und einen Spankorb mit Äpfeln. Nele fragte: „Wo ist Bethlehem? Kann man da hingehen?"

„Freilich", sagte die Mutter, und weil sie gerade Äpfel schälte, eine ganze Menge Äpfel, und weil Nele nicht aufhörte zu fragen: „Wohin muß man gehen, Mutter, wenn man nach Bethlehem will?", antwortete sie: „Quer über die Straße. So, nun weißt du's."

Nele nickte, zog den Mantel an, setzte die Mütze auf, nahm die Tasche und ging quer über die Straße.

Da kam ein Junge mit einer roten Bommelmütze vorbei, der rief: „Nele, wohin gehst du?"

„Nach Bethlehem", sagte Nele.

„Weißt du denn, wo Bethlehem ist?"

„Quer über die Straße", sagte Nele.

Der Junge machte ein dummes Gesicht, dann lachte er und zeigte mit dem Finger: „Das soll Bethlehem sein? Ein paar Häuser, mit Gärten dazwischen? Links, das ist doch der Bäcker. Dann kommt die Wäscherei, dann die Villa, dann die Gasse. Und dahinter die Mauer mit dem Gefängnis. Bethlehem ist ganz woanders."

„Die Mutter hat gesagt: Quer über die Straße."

„Mütter sagen manchmal so was. Weil sie keine Zeit haben. Am besten, man verdrückt sich. Wollen wir spielen?"

„Ich muß nach Bethlehem", sagte Nele.

„Was willst du dort?"

„Zum Christkind."

„Dir was schenken lassen?"

„Nein."

„Vom Christkind kriegt man doch geschenkt. Du nicht?"

„Im vorigen Jahr", sagte Nele, „habe ich eine Puppe gekriegt. Und einen Ball. Und Rollschuhe."

„Hast du das alles in die Tasche gepackt?"

„Ja. Hier ist alles drin. Weil ich dem Christkind was mitbringen will."

Der Junge lachte und lief fort.

Nele ging quer über die Straße, sie kam in ein Haus, der Flur war dunkel, und Nele hatte Angst, als sie an die Tür klopfte. Doch hinter der Tür wohnte jemand. Nele hörte, wie eine Stimme leise: „Herein!" rief, da öffnete sie und sah, daß eine alte, weißhaarige Frau am Fenster saß.

„Was tust du hier?" fragte Nele.

„Ich warte, bis es dunkel ist."

„Und dann?"

„Dann wird die Laterne draußen angezündet. Das sieht hübsch aus, so eine brennende Laterne."

„Hast du kein Licht?"

„Ich brauchte nur am Schalter zu drehen. Aber wozu? Es ist ja niemand hier, mit dem ich mich unterhalten könnte."

„Weshalb bist du allein?" fragte Nele.

Die alte Frau seufzte. „Das kommt ganz von selbst. Früher waren alle Stuben zu eng. Das schwatzte und sang und lachte. Wir wußten kaum, wo wir den Weihnachtsbaum aufstellen sollten, damals. Stell ihn auf die Nähmaschine, sagte mein Mann, da steht er niemandem im Weg. Ja, und nun, sooft ich die Nähmaschine betrachte — dort drüben, in der Ecke, das ist sie —, muß ich daran denken, wie hell und warm es hier war und wie es rief und lachte und sang —"

„Wo ist dein Mann jetzt?"

„Wo wird er sein? Gestorben ist er. Zum Glück war er nicht lange krank."

„Und die Kinder?"

„Die Kinder sind groß. Sie haben geheiratet und haben selbst wieder Kinder."

„Besuchen sie dich nicht?"

Die alte Frau lächelte. „Sie kommen hie und da. Zu meinem Geburtstag. Manchmal auch zwischendurch."

„Werden sie heute kommen?"

„Nein, heute nicht. Es läßt sich nicht machen, steht im Brief, und das ist ja auch zu begreifen. Die weite Reise, was denkst du? Und das Geschäft erlaubt es nicht. Und Weihnachten will man unter sich sein, das ist nun mal nicht anders. Heutzutage hat man wenig Zeit."

„Hast du auch keine Zeit?" fragte Nele.

„O doch. Ich kann warten, bis draußen die Laterne angezündet wird. Dann habe ich noch den Abend vor mir, und die Nacht." Die alte Frau beugte sich vor. „Was hast du denn in deiner Tasche?"

„Geschenke", sagte Nele, „nichts für dich."

„Es war trotzdem schön", sagte die alte Frau, „daß du mich besucht hast. Man kann sich mal aussprechen. Das ist gut für unsereins."

Nele schloß die Tür und ging wieder auf die Straße. Schräg gegenüber war ein großes, hell=erleuchtetes Haus, die Villa. Davor stand ein Auto, und ein Mann im Pelz war gerade dabei, seinen Arm mit Päckchen und Paketen zu beladen. Es waren sehr viele, mit silbernen und goldenen Kordeln verschnürte Päckchen, sie reichten ihm vom Ellbogen bis ans Kinn. Der Mann hatte ein dickes, rotes Gesicht, auch einen Schnurrbart, aber die Augen waren schmal und der Mund zugekniffen. „Heb mal auf", sagte er zu Nele und zeigte mit dem Finger, der

in einem ledernen Handschuh steckte, nach unten. Nele hob das Päckchen auf. Der Mann bedankte sich mürrisch. Er blickte Nele durch die Brille an und sagte: „Willst du was haben?"

„Nein", sagte Nele, „ich habe schon alles."

„Donnerwetter", sagte der Mann. Er schnaufte durch die Nase. Es klang, als wollte er lachen und könnte nicht.

Nele hob die Tasche hoch. „Ich habe eine Puppe, einen Ball und Rollschuhe."

„Ausgezeichnet", sagte der Mann im Pelz.

„Ich habe auch einen Stern", sagte Nele. „Und du?"

„Ich habe was anderes", sagte der Mann.

„Was denn?" fragte Nele.

„Ne ganze Menge."

„Vom Christkind?"

„Nee, vom Juwelier. Und vom Kaufhof."

„So viele Päckchen", sagte Nele.

„Im Wagen sind noch mehr."

„Auch eine Halskette? Oder ein Ring?"

Der Mann im Pelz gähnte. „Wo denkst du hin! Die würden mich schön auslachen, wenn ich nur mit einem Ring oder mit einer Halskette ankäme. Die Frau muß was haben, die Tanten müssen was haben, die Töchter, die Köchin, das Zimmermädchen. Und der Schofför, meinst du, der ist mit Manschettenknöpfen zufrieden?"

„Was haben sie sich gewünscht?" fragte Nele.

„Einen ganzen Sack voll. Fahrrad, elektrische Eisenbahn, Skier, Radiokoffer, Filmgerät. Die Älteste einen Pelz, die Jüngste ein paar seidne Fähnchen, und die Mutti — weißt du, was die haben will? Einen neuen Wagen. Tja, einen Sportzweisitzer."

„Du hast doch ein Auto", sagte Nele.

„Klar, habe ich", schnaufte der Mann. „Kommt aber nicht mehr in Frage, der Kasten. Ein Jahr gefahren — aus. Können wir uns leisten. Ist doch alles da, besonders Pinkepinke. Tja, bißchen hoch, was? Hängt mir auch zum Hals raus. Immer derselbe Dreh. Spaß macht das nicht, und eigentlich sollte man — aber das ist nichts für dich. Geh heim. Wirst sonst kalte Füße kriegen, wie wir alle."

„Ich habe keine kalten Füße", sagte Nele. Sie kam einen Schritt näher. „Und du, was wünschst du dir?"

„Ich?" Der Mann rieb das Kinn mit dem ledernen Handschuh. „Habe verdammt wenig Zeit. Man kommt nicht zu sich selber. Wenn ich überlege, was vor dem Fest noch alles zu tun ist, wird mir übel. Eigentlich sollte man — tja, was eigentlich? Wohin gehst du?"

Nele hatte sich umgedreht. „Nach Bethlehem", sagte sie.

Der Mann lachte. „So was! Bethlehem! Hier, vor meinem Haus!" Er schob den Hut ins Genick und rief: „Paß auf, daß du nicht unter die Räder kommst!" Er merkte gar nicht, daß Flocken seinen Bart sprenkelten und daß sie auf der warmen Motorhaube des Wagens leise verzischten. Er lachte nicht mehr. Er ging rasch ins Haus und schlug die große, strahlendhelle Glastür hinter sich zu.

Nele stand jetzt auf der anderen Seite der Straße, wo die Wäscherei ist und der große, breit=ästige Baum, der im Frühjahr weiße Blütenkerzen aufsteckt und im Herbst grüne Stachelbälle herabwirft. Dann kommt die dunkle, steinerne Mauer, mit Glasscherben oben und rostigem Draht, dahinter das Gefängnis. Hier irgendwo mußte Bethlehem sein. Die Mutter hatte es gesagt, und bisher war alles immer so gewesen, wie die Mutter gesagt hatte.

Nele ging um den Baum herum, der kahl war und ächzte. „Dort drüben", ächzte der Baum, „vielleicht dort drüben."

Da war ein kleines Haus, zwischen der Wäscherei und dem Bäcker, mit schiefem Dach und grauen, verwitterten Fensterläden. Die Glocke schepperte, Nele ging durch den Flur, der nach Scheuerwasser und Arznei roch, dann ein paar Stufen hinauf, sie kam an eine Tür, klopfte und trat ein. Drinnen brannte eine Lampe, die war mit Bindfaden schräg über das Bett gezogen, und in dem Bett lag ein Mädchen, das hatte ein Buch in der Hand und las, und die Hand des Mädchens war mager und durchsichtig.

„Mach die Tür zu", sagte das Mädchen, „soviel Kohlen haben wir nicht, daß wir die Straße heizen können."

Nele schloß die Tür und blieb dort, wo der Schatten war, stehen. Das Mädchen im Bett blätterte die Seite um und las. Schließlich fragte Nele: „Ist hier Bethlehem?"

Das Mädchen hörte auf zu blättern. Sie warf Nele einen bösen Blick zu. „Wenn du mich verklappsen willst, hau ab." Dann blickte es noch mal genauer, sah, daß Nele ziemlich klein war, und sagte: „Nee, sieht hier nicht nach Bethlehem aus."

„Da will ich hin", sagte Nele.

„Na also", sagte das Mädchen. „Je schneller du verschwindest, desto eher bist du dort." Es fing wieder an zu lesen und tat, als wäre Nele nicht da.

Nele drehte sich zur Tür, doch ehe sie die Schwelle erreichte, ließ das Mädchen das Buch sinken und fragte: „Was willst du denn dort? Ich meine, in Bethlehem?"

„Dem Christkind etwas schenken", sagte Nele.

„Wozu das?"

„Weil das Christkind nie etwas bekommt."

„Aber es hat doch 'ne ganze Menge gekriegt", sagte das Mädchen und stützte sich auf den Ellenbogen. „Die Weisen aus Morgenland haben ganz hübsch ausgepackt, und die Hirten womöglich auch. Mindestens 'ne Seite Speck oder 'ne Flasche Bier oder so was."

„Das ist lange her", sagte Nele.

„Und heute, meinst du, kriegt das Christkind von niemandem mehr was?"

„Nein. Von niemandem. Alle wollen nur von ihm haben."

„Du nicht?"

„Doch", sagte Nele. „Ich habe auch etwas gekriegt. Eine ganze Tasche voll."

„Zeig her", das Mädchen beugte sich aus dem Bett, ihr Hals wurde noch magerer. „Ne olle Puppe", sagte sie enttäuscht, „verrostete Rollschuhe und 'n Pappstern."

„Aus Goldpappe", sagte Nele. Sie trat einen Schritt näher. „Was willst *du* denn haben?"

„Ich? Gar nichts."

„Wünschst du dir nichts?"

„Nee. Was ich mir wünsche, krieg' ich ja doch nicht."

„Was denn?"

„Ach, sei still. Was verstehst du schon."

„Ich will es dem Christkind sagen."

Das Mädchen im Bett lachte. „So dumm möcht' ich auch noch mal sein!"

„Hast du keine Mutter?" fragte Nele.

„Doch."

„Warum läßt sie dich allein?"

„Weil sie arbeitet. Meinst du, das Geld kommt zum Fenster rein?"

„Wo arbeitet sie?" fragte Nele.

„In der Wäscherei. Da ist jetzt was los, kurz vor Weihnachten. Jeder will noch schnell die Klamotten sauber haben."

„Und du? Du liegst den ganzen Tag im Bett?"

Das Mädchen zog die Decke ein Stück höher.

„Bist du krank?" fragte Nele.

„Was denn sonst."

„Schon lange?"

„'n halbes Jahr, ungefähr."

„Wann wirst du aufstehen? Morgen? Oder übermorgen? Oder Weihnachten?"

Das Mädchen winkte ab. „Der Doktor sagt, ich könnt's zu Weihnachten mal probieren, aber ich glaub's nicht. Er lügt nämlich, der Doktor. Alle lügen sie, die Mutter, Tante Anna, und die Wäschereibesitzerin auch. Kein wahres Wort, was sie sagen."

„Aber lesen kannst du doch?" sagte Nele. „Da, das Buch. Steht was Schönes drin?"

„Nee. Alles nicht wahr."

Nele überlegte. „Wolltest du nicht lieber lesen als mit mir sprechen?"

Das Mädchen reckte sich und blies den Staub von der Lampe. „Lesen ist vielleicht immer noch besser als sprechen."

„Warum?" fragte Nele.

„Mit wem soll ich sprechen?" sagte das Mädchen. „Es kommt ja niemand. Und du? Willst du auch schon weg?"

„Soll ich bleiben?" sagte Nele.

„Geh nur. Du mußt ja zum Christkind."

„Ja, das muß ich", sagte Nele. „Aber vielleicht besuch' ich dich mal."

„Verzichte", das Mädchen drehte den Kopf zur Wand. „Außerdem habe ich das Buch, das genügt mir." Sie hielt die Hand vor den Mund und hustete. „Geh, laß mich zufrieden."

Nele ging die Stiege hinab, dann über den Flur, wo es nach Scheuerwasser und Medizin roch. Die Flocken fielen spärlicher, die Straßenlaterne brannte. Sie brannte nicht besonders hell, doch so, daß man die dicken Überschriften auf den Zeitungen erkennen konnte, die Schreijette in der Hand hielt. Nele konnte nicht lesen, das war auch nicht nötig, denn Schreijette hatte ihren Namen nicht umsonst. Sie schrie: „Sprengstoff im Geburtstagspäckchen! Friedenskonferenz gescheitert! Tausend Liter Sekt auf der Autobahn!"

Nele wollte eigentlich an Schreijette vorüber, denn alle Leute in der Stadt kannten Schreijette, niemand glaubte, daß Schreijette etwas Besonderes war, doch womöglich wußte Schreijette etwas über Bethlehem. Schreijette wußte alles, was passierte, manchmal wußte sie noch mehr, und es gab jedenfalls nichts, was Schreijette nicht wußte. Ihre Stimme war rauh wie die Stimme eines alten Schafes, sie schrie: „Mörder heiratet Witwe des Ermordeten! Schüsse an der Grenze! Taximörder verhaftet!"

Plötzlich hatte sie noch eine zweite Stimme, die war viel leiser als die andere Stimme, und mit dieser zweiten Stimme sagte sie: „Na, du Krähe, wohin so spät?"

„Nach Bethlehem", sagte Nele.

„Affe Ferdinand fliegt zum Mond!" Schreijette schüttelte belustigt den Kopf, während sie schrie. Sie trug eine blaue Schildmütze mit Aufschrift, eine graugrüne Steppjacke, die ihr fast bis zu den Knien reichte, und schwarze Gummistiefel. „Sechs Dörfer von Eislawine begraben!" schrie sie, und mit der zweiten Stimme sagte sie: „Bethlehem? Wieso Bethlehem?"

„Quer über die Straße", sagte Nele.

„Horoskop der Woche! Attentat auf Staatsoberhaupt! Was fällt dir ein", sagte Schreijette leise, „das wüßte ich doch."

„Warum schreist du so?" sagte Nele.

„Weil die Leute es sonst nicht hören."

„Und warum hast du eine rote Nase?"

„I, du Gör. Meinst vielleicht, der Hals wird vom Schreien nicht trocken?" Die braunen, faltigen Finger, die zur Hälfte in einem abgeschnittenen Handschuh steckten, zogen etwas

Rundes, Bauchiges aus der Rocktasche. Sie schraubte am Verschluß und trank. Danach schraubte sie den Verschluß zu und schrie: „Schüsse an der Grenze! Friedenskonferenz gescheitert! Attentat auf Staatsoberhaupt! Affe Ferdinand fliegt zum Mond!"

„Warum fliegt er zum Mond?" sagte Nele.

„Weil er ein Affe ist." Schreijette wischte sich mit dem Handrücken über den Mund.

„Und warum trinkst du Schnaps?"

Schreijette antwortete nicht. Sie hatte zwei Taschen zu tragen, eine auf dem Rücken und eine auf dem Bauch, darin waren Zeitungen. In der Hand hielt sie auch Zeitungen. Und neben ihr stand ein alter, mit Plastik bedeckter Kinderwagen, der war ebenfalls voller Zeitungen.

„Tausend Liter Sekt auf der Autobahn! Mörder heiratet Witwe des Ermordeten! Affe Ferdinand fliegt zum Mond!"

„Schreist du immer dasselbe?" sagte Nele.

„Du hörst doch", sagte Schreijette.

„Nichts von Bethlehem?"

„Nee, Bethlehem ist nicht drin."

„Wo?"

„In der Zeitung."

Nele sah, wie die Passanten stehenblieben und kauften. Manche rissen Schreijette die Zeitung aus der Hand und warfen das Geld im Vorbeigehen auf den Teller. „Danke, mein Herr", sagte Schreijette, „danke, meine Dame, stimmt genau."

„Dann kann ich dir auch nichts schenken", sagte Nele.

„Nee, geschenkt wird nichts. Alles auf Heller und Pfennig, du Krähe."

„Ich bin keine Krähe", sagte Nele.

Schreijette beugte sich vor, als wollte sie sich überzeugen, daß Nele keine Krähe war. „Geh heim", sagte sie mit ihrer zweiten Stimme, ganz leise, „mit Bethlehem ist kein Geschäft zu

machen. Oder es müßte rot in die Zeitung. Sprengstoff in Bethlehem — soll ich das mal schreien? Soll ich?"

„Nein", sagte Nele. Sie lief rasch fort, die Straße entlang, dann rechts über den Hof, und sie hörte noch immer, wie Schreijette schrie: „Friedenskonferenz gescheitert! Tausend Liter Sekt —", da kam sie zum Brunnen, auf dem oben der Adventskranz brannte. Ein schöner Brunnen, aber das Wasser tröpfelte nur dünn aus den Röhren, und als Nele die Hand hinhielt, war es kalt.

Nele blieb stehen. Sie hörte den Wind, sie hörte die Uhr schlagen und das Klingeln der Straßenbahn, aber Schreijette hörte sie nicht mehr. Gegenüber vom Brunnen lag die Klempnerwerkstatt, in der niemand mehr arbeitete, und nicht weit davon war ein niedriger Schuppen, wo die Leute die Gartengeräte aufbewahren. Nele ging an dem Schuppen vorüber — nein, sie wollte vorübergehen, doch es war, als hustete da einer.

Die Tür des Schuppens war offen, und ganz hinten, im Dunkeln, sah Nele einen gelben, glühenden Punkt, mal stärker, mal schwächer.

„Ist da jemand?" fragte Nele.

Als keine Antwort kam, ging Nele näher.

„Ist hier Bethlehem?"

„Na, und ob", sagte die Stimme, „Bethlehem." Die Stimme klang rauh, wie erkältet.

„Darf ich reinkommen?"

„Nee. Lieber nicht", sagte die Stimme.

„Warum nicht?"

„Ich kann niemanden brauchen", sagte die Stimme.

„Willst du Holz sägen?"

„Nee."

„Hast du keine Frau?"

„Nee."

„Wo ist sie?"

„Abhandengekommen."

„Und die Kinder?"

„Weiß nicht. Auch abhandengekommen."

„Und das Haus, gehört das dir?"

„Nee. Mein Haus ist ganz woanders."

„Wo denn?"

„Das geht dich nichts an."

„Aber das hier, gehört das dir?"

„Meinst du den Holzschuppen? Der gehört mir auch nicht. Höchstens der Balken. Ich meine den hier oben, siehst du?" Der glühende Punkt schwebte nach oben, bis dahin, wo der Balken war. „Vorgestern habe ich ihn eingesetzt, weil der alte morsch gewesen ist. Jetzt hält er wieder."

„Das ist dein Balken?" sagte Nele.

„Ja, das ist meiner. Und jetzt könntest du eigentlich ein paar Schritte weitergehen."

„Willst du hier sitzenbleiben?" sagte Nele.

„Nee."

„Ich weiß", sagte Nele, „du hast eine Zigarette geraucht. Nun willst du Holz in den Korb packen, damit du eine warme Stube hast."

„Bleib draußen", sagte die Stimme.

Nele stand in der Tür: „Wo ist der Korb?"

„Korb? Wieso Korb?"

„Für das Holz", sagte Nele. „Gib mal her. Holz packen kann ich. Aber — da ist ja gar kein Korb —"

„Nee, kein Korb", sagte die Stimme.

Nele lachte. „Ein Strick ist da. Willst du das Holz mit dem Strick zusammenbinden?"

„Klar. Was denn sonst", sagte die Stimme.

Nele legte die Hand an den Pfosten. „Mach doch Licht. Vielleicht kann ich dir helfen. Willst du mir den Strick geben?"

„Ausgeschlossen. Den brauch' ich."

Nele bückte sich. „Hier ist ja gar kein Holz", sagte sie, „der Schuppen ist leer."

„Ja, leer", sagte die Stimme.

„Und die Stube? Willst du die nicht warm haben?"

„Ich brauche keine warme Stube", sagte die Stimme.

„Willst du fort? Wohin willst du denn?"

„So weit wie möglich", sagte die Stimme.

„Und Bethlehem? Das war Spaß, nicht?"

Die Stimme schwieg.

Nele ging noch einen Schritt ins Dunkle. „Es gibt aber Bethlehem", sagte sie.

„Wer sagt das?"

„Die Mutter. Quer über die Straße, sagt sie."

„So? Dann geh man." Plötzlich wurde die Stimme laut, fast so laut wie Schreijettes Stimme: „Los! Geh! Wie oft soll ich dir's sagen!"

„Jetzt hast du mich erschreckt", sagte Nele. „Soll ich dir eine Zigarette holen? An der Ecke ist ein Automat. Du sagst ja gar nichts. Hast du dich wieder hingesetzt? Hörst du? Ich hol' dir eine Zigarette."

„Nee, keine Zigarette", sagte die Stimme, „bleib meinetwegen hier."

„Warum?"

„Nur so. Erzählen. Was hast du denn da in der Tasche?"

„Einen Ball", sagte Nele, „'n Paar Rollschuhe, und 'ne Puppe. Das will ich alles wegschenken."
„Bleib doch", sagte die Stimme.
„Nein, hierbleiben kann ich nicht."
„Schade."
Nele hörte ein Schlucken, als hätte der Mann was im Hals. Er krächzte ein paarmal, dann sagte er: „Könntest du nicht — wenigstens — was mitnehmen?" Nele wußte nicht gleich, was der Mann meinte. Als er ihr den Strick gab, sagte sie: „Na ja, vielleicht kann man ihn brauchen. Einen Stern dran aufhängen, oder so was."

Nele nahm den Strick und steckte ihn in die Tasche. Dann stellte sie die Tasche in den Schnee und pustete in die Hände. Ich muß mich beeilen, dachte sie, wenn ich Bethlehem finden will. Merkwürdig, daß die großen Leute es nicht kennen. Sie ging über den Hof und kam dort, wo das enge Gäßchen neben der Mauer herläuft, an ein Fenster, das war schmutzig und hatte zer=

rissene Gardinen, trotzdem war es hell. Gern hätte Nele hineingeschaut, aber das Fenster war zu hoch, und wenn da nicht eine umgestülpte Waschbütte gelegen hätte, gewiß hätte Nele nie erfahren, wer hinter den hellen Scheiben und den zerrissenen Gardinen wohnte.

Nele kletterte auf die Waschbütte, und als sie das Kinn hochreckte, konnte sie sehen, daß da ein Spiegel war, der hatte querherüber einen Sprung, und mitten in dem Sprung war ein Gesicht, das Gesicht einer Frau oder eines Fräuleins, das konnte man nicht genau sagen. Das Gesicht wurde auch immer wieder anders, einmal lachte es, einmal weinte es, über den Augen waren schräge, schwarze Striche, und der Mund war knallrot. Darunter waren nackte Arme und Schultern, und in der dunklen, gelockten Frisur glitzerte es wie Lametta, und an den Ohren schaukelten winzige Glöckchen aus Glas.

Nele pochte mit dem Knöchel an die Scheibe. Da wurde das Fenster aufgemacht, und eine scharfe, fast zornige Stimme rief: „Mein Gott, bin ich erschrocken! Was willst du?"

„Ich will nach Bethlehem", sagte Nele.

Die Frau mit den Glasglöckchen lachte: „Seit wann bist du in Bethlehem engagiert? Oder meinst du das richtige Bethlehem?"

„Ich meine das richtige Bethlehem", sagte Nele und reckte den Kopf noch höher, denn sie wollte das mit Bändern benähte, rosafarbene Kleid sehen, das die Frau trug.

„Wie heißt du?" fragte Nele.

Die Frau, die ihren Mund mit einem Malstift noch röter machte, sagte: „Ilona. Kennst du mich nicht? Fast alle Kinder auf der Straße kennen mich, weil ich Alfonsos Mutter bin und weil ich bei Bela Belem arbeite."

„Ach so", sagte Nele, „deshalb sagst du: Bethlehem."

Ilona zog die Schultern hoch. „Natürlich. Die Leute nennen es doch so. Aus Jux. Klingt ja auch ähnlich. Ist aber ganz was anderes."

„Was denn?" sagte Nele.

Die Schultern glänzten unter dem Licht. „Mein Gott, wie soll ich dir das erklären? Ein Variété, halt. Und Bela Belem ist der Besitzer."

„Was tut er?" sagte Nele.

„Was wird er tun? Er streicht das Geld ein und sagt, wir wären nicht liebenswürdig genug. Willst du nicht reinkommen? Du könntest mit Alfonso spielen."

„Ich muß nach Bethlehem", sagte Nele.

Ilona drehte sich zum Fenster. Sie roch wunderbar, nach Maiglöckchen. Sie sagte: „Du, ich will dir was sagen. Laß die Finger davon. Erst macht sich die Sache ganz hübsch. Man hängt sich den Flitter an und kommt sich vor wie der Baum am Heiligen Abend. Lauter Ah! und Oh! und: Guck mal, wie prächtig das aussieht! Dann holen sie einem das bißchen Lametta runter. Die Lichter gehn aus, die Glaskugeln werden abgenommen, und dann, was kommt dann? Man wirft dich in den Schnee, und wenn du da eine Weile gelegen hast, kommt das Hackebeil, zuletzt das Feuer. Na, was sagst du?"

„Ich wollte, es wäre immer Weihnachten", sagte Nele.

Ilona lachte. „Ja, das willst du. Habe ich auch gewollt. Weißt du, was draus geworden ist? Guck dich mal um bei mir", sie zeigte mit dem Farbstift über die Schulter, „der Spiegel kaputt, der Ofen zieht nicht, die Wände feucht, siehst du? Alles Dreck."

„Aber du bist schön", sagte Nele.

Ilona zog die Augenbrauen hoch und blickte in den Spiegel. „Das haben sie alle gesagt. Schön bist du, Ilona! Schön! Schön! Muß doch nicht übel sein, so eine Arbeit. Muß doch Spaß machen. Tut's auch. Ein paar Jahre, fünf vielleicht, oder zehn. Dann heißt es: Was ist mit dir? Du warst neulich lustiger. Hat man Pech, fängt man an zu husten, oder man kriegt Krampfadern, und Bela Belem sagt: Schluß, meine Liebe, laß dich erst mal kurieren. Spann aus, such dir was anderes, mein Täubchen. Was denn? fragst du. Na, zum Beispiel Servierfräulein. Im Bahnhofsrestaurant."

„Da bist du jetzt?" sagte Nele.

Ilona packte die Farbstifte ein. „Da war ich, mein Süßes."

„Und wozu hast du das schöne Kleid an?"

Ilona zog eine Schublade auf und knallte den Farbkasten hinein. „Maskerade. Bloß so zum Spaß. Wollte sehen, ob das Zeug noch paßt. Doch jetzt ist Schluß. Der Kram kommt weg. Ist doch zu nichts nütze. Nicht mal zu Karneval."

„Schade", sagte Nele.

Die schöne Ilona wollte nichts mehr hören. Sie schlug das Fenster zu, wischte sich mit dem Taschentuch über die Augen und rannte nebenan ins Schlafzimmer.

Nele wollte auch fort, doch sie blickte, ehe sie von der Waschbütte herabstieg, noch mal zurück. Da sah sie hinter dem Schrank ein schwarzes Wollknäuel, das war so groß wie ein Kopf — nein, es war nicht nur so groß wie ein Kopf, es war wirklich ein Kopf. Und die Wolle, das waren kurze, ringelige, schwarzglänzende Haare. Und unter den Haaren war eine Stirn und ein Gesicht.

„Ach so, du bist es", sagte Nele.

Das Fenster hatte sich von selbst wieder geöffnet, weil es schief war und nicht ordentlich fest im Rahmen.

„Ich kenn' dich auch", sagte das Gesicht unter dem Wollknäuel. „Du wohnst gar nicht weit. Manchmal seh' ich dich. Wenn du Brötchen beim Bäcker holst."

„Die sind für meinen Vater", sagte Nele. „Er ißt gern Brötchen. Deiner auch?"

„Ich habe keinen Vater", sagte Alfonso.

„Warum nicht?"

„Weil ich nur eine Mutter habe."

„Und sie tanzt wirklich nicht mehr?"

„Nee", sagte Alfonso, „sie ist jetzt was Besseres."

„Im Bahnhofsrestaurant?"

Alfonso kam näher. Er war schon beim Spiegel. „Nee. Macht sie auch nicht mehr."

„Warum nicht?" fragte Nele.

„Pah, anderen Leuten Bier bringen. Oder Erbsensuppe. Außerdem darf sie mich nicht mit=nehmen. Bela Belem hat's verboten. Weil er doch das Restaurant gepachtet hat, sagt er. Und er will mich nicht dort sehen."

„Deshalb ist sie fort?"

„Hm."

„Wo ist sie jetzt?"

Alfonso hob die Nagelschere auf und ließ sie schnappen. „Auch im Bahnhof", sagte er.

„Verkauft sie Fahrkarten?"

Alfonso senkte den Kopf. „Gar nichts verkauft sie. Wozu auch? Sie sagt, sie will nichts mehr verkaufen."

„Was macht sie im Bahnhof?"

Alfonso zerschnitt ein Stück seidenes Band. „Willst du uns mal besuchen?"

„Bist du dort?" sagte Nele.

„Manchmal."

„Schimpft Bela Belem da nicht?"

Alfonso leckte an der Oberlippe, das tat er öfter. Er sagte: „Wo wir sind, hat Bela Belem nichts zu schimpfen. Weil es ihm nicht gehört, sagt die Mutter. Bela Belem ist ein Aas, sagt sie, aber ihm gehört auch nicht alles."

„Hilfst du der Mutter?" sagte Nele.

„Ich wasche die Tücher", sagte Alfonso, „und reiße das Papier ab. Immer vier Stück. Marke Servus. Das ist nicht einfach weiß, das ist rosa."

„Was für Papier?"

„Ach, Quatsch", Alfonso warf die Schere in den Schubkasten, „komm lieber rein. Links ist die Stiege. Los, ich mach die Tür auf."

„Nein", sagte Nele, „das geht nicht."

„Warum nicht?"

„Weil ich nach Bethlehem muß", sagte Nele.

Alfonso zog eine Grimasse. „Damit ist nichts los, sagt die Mutter. Alles Lititi."

„Lititi?"

„Alles Betrug. Alles Nepp, sagt die Mutter."

„Weshalb steht sie dann vorm Spiegel und zieht das schöne Kleid an?"

„Das tut sie manchmal."

„Zum Spaß?"

„Zuerst macht es ihr Spaß", sagte Alfonso, „dann weint sie. Alles Betrug, sagt sie, alles Tineff. Ist ja auch nicht das Richtige für den Bahnhof."

„Was hat sie im Bahnhof an?"

„'n Wollkleid. Und 'ne Schürze vor. Komm rein. Darfst mal in den Spiegel gucken. Und ich zeig dir das Feuerzeug. Richtig zum Brennen."

„Wo hast du das her?" sagte Nele.

„Hat mir ein Mann geschenkt."

„Auf dem Bahnhof?"

Alfonso leckte wieder an der Oberlippe. „Weil ich ihm den Koffer die Treppe hinaufgetragen habe."

„Welche Treppe?"

Alfonso tippte sich an die Stirn. „Wir sind doch eine Treppe tiefer."

„Jetzt muß ich gehen", sagte Nele.

Alfonso schlug wütend auf den Tisch, die Fläschchen und Büchsen klirrten. „Geh! Geh! Aber ich weiß, wo du wohnst. Und ich weiß auch, was ich tue." Alfonso kam ganz dicht ran. Man konnte das Weiße in seinen Augen sehen und auch die Spucke auf seinen Zähnen, die waren wie Porzellan. „Ich werde euer Haus anbrennen", sagte er. „Nachts, wenn du schläfst. Weil du nicht mit mir spielen willst. Niemand will mit mir spielen."

„Warum nicht?" sagte Nele.

„Weil ich nun mal so bin."

„Wie denn?"

„Schwarz."

„Und warum bist du schwarz?" sagte Nele.

Alfonso kratzte sich. „Das weiß ich nicht. Ich weiß nur, daß es Schwarze gibt, und andere. Aber ich gehöre nicht zu den anderen. Dabei bin ich nicht mal richtig schwarz. Paß auf, ich stelle mich unter das Licht. Na, wie ist es?"

Nele sagte: „Stimmt. Richtig schwarz bist du nicht."

„Siehst du", Alfonso lächelte ein bißchen.

„Die Kinder können ruhig mit dir spielen", sagte Nele. „Und ich werde dir etwas schenken." Sie kramte in der Tasche. „Die Rollschuhe vielleicht? Oder den Ball?"

„Wenn du nicht mit mir spielen willst", sagte Alfonso, „will ich auch nichts geschenkt haben. Mach, daß du fortkommst!" Er streckte Nele die Zunge heraus, und Nele sah, daß die Zunge von Alfonso nicht anders war als andere Zungen. Dann verriegelte er das Fenster und zog die Vorhänge zu.

Nele sprang von der Waschbütte und ging weiter. Da war ein Stück Zaun, und hinter dem Zaun ein Hof, und in dem Hof roch es nach Kuchen. Eine Tür stand auf, das Licht fiel schräg heraus. Nele sah Semmelkörbe, eine Holzbütte und leere Säcke, die waren weiß, nicht von Schnee, aber von Mehl. Und jetzt wußte Nele, daß dies die Backstube war, und je näher sie der offenen Tür kam, umso mehr roch es nach Kuchen.

Und da war ja auch der Bäcker, Nele kannte ihn, er hatte borstiges Haar und einen borstigen Bart, und alles an ihm, auch das Gesicht und die Jacke und die Hose, war grau. Trotzdem war er stets freundlich, er sagte zu Vater „Herr Oberlehrer" und zu Mutter „Madam", und wenn man in den Laden hineinging, sagte er: „Bitte, womit kann ich dienen?", und wenn man herausging: „Beehren Sie mich bald wieder."

Jetzt saß er neben dem Backofen, hatte ein Brett auf den Knien und ein Stück Papier und schrieb. Der Kugelschreiber verschwand fast in seiner dicken Hand, er lächelte auch nicht, der Bäcker, er saß gebückt, und die Stoppeln, die Kinn und Wangen bedeckten, sahen grau und grimmig aus.

Viel hatte er noch nicht geschrieben. Es kam Nele so vor, als wäre es ein einziges Wort.

Der Bäcker merkte nicht, daß jemand in der Backstube stand. Er hielt das Papier in der linken Faust und betrachtete das Wort, das er geschrieben hatte.

Nele sagte: „Ist das ein Brief?"

Der Bäcker drehte seinen breiten Rücken. Nele merkte erst jetzt, daß er eine Brille trug. Das sah komisch aus.

„Ja", sagte der Bäcker, „ein Brief."

„Für wen?"

„Für den Sohn, den Willem." Auf der Stirn des Bäckers waren viele Falten. Er sah älter aus als gewöhnlich. Nele dachte zuerst, es wäre gar nicht derselbe Bäcker. Es war aber doch derselbe, denn er sagte: „Womit kann ich dienen?" Ohne zu lächeln, sagte er es.

„Will er kommen?" sagte Nele.

„Wer?"

„Der Willem."

„Ach so", der Bäcker schluckte, sah auf den Brief, dann wieder auf Nele. „Ja, er will. Aber er soll nicht."

„Warum soll er nicht?"

„Weil er ein Taugenichts ist", sagte der Bäcker.

„Hat er was gestohlen?"

Der Bäcker seufzte. „Weiß nicht, ob er gestohlen hat. Aber Lebeschön hat er gemacht."

„Was ist das?" sagte Nele.

„Na, Geld durchgebracht, getrunken. Immer großartig, verstehst du?"

„Nein", sagte Nele.

Der Bäcker wischte sich die Stirn, als wären dort Schweißtropfen. Es waren aber keine da. „Bist auch zu klein für, mein Fräulein", sagte er. Während er das sagte, sah Nele, wie das Papier langsam in der Faust des Bäckers verschwand. Die Faust war wie ein Maul, das den Brief auffraß, Stück für Stück. Es knitterte ein bißchen, dann war der Brief fort.

„Warum machst du ihn kaputt?" sagte Nele.

„Weil ich ihn nicht abschicken will."

„Erst wolltest du?"

„Ja. Es hat aber keinen Zweck. Man muß auch mal hart sein." Der Bäcker stellte das Brett auf die Seite, erhob sich ächzend und ging zum Tisch, wo der Briefumschlag lag, der ebenfalls verknüllt war.

„Wirst du ihn nun in den Ofen stecken?"

„In die Mülltonne."

„Zeig mir mal, was du geschrieben hast", sagte Nele.

Der Bäcker stand krumm und breitbeinig. Der Kopf hing ihm so tief auf die Brust, daß die Stoppeln die weiße Schürze berührten. Kaum merklich öffnete er die Faust, zog das Papierknäuel hervor und strich es glatt. „Da", sagte er, „lies."

„Ich kann nicht lesen", sagte Nele. „Du mußt vorlesen."

Zum erstenmal lächelte der Bäcker. Nur in den Mundwinkeln, aber es war deutlich zu sehen. „Du Krabbe", sagte er, „nicht mal lesen kannst du. Was willst du eigentlich hier?"

„Ich gehe nach Bethlehem", sagte Nele.

„So so", der Bäcker richtete sich auf, nur in den Schultern, aber er wurde doch ein Stück größer. „Und du meinst, hier in der Nähe ist Bethlehem?"

„Vielleicht", sagte Nele.

„Hm", der Bäcker schaute sich um, halb mißtrauisch, halb belustigt. „Daran habe ich noch gar nicht gedacht."

Der Bäcker machte den Briefumschlag glatt. „Siehst du, da steht die Adresse. Frankiert ist er auch. Alles fertig."

„Und was steht in dem Brief?"

„Nur ein Wort", sagte der Bäcker.

„Das ist nicht viel", sagte Nele.

Der Bäcker kratzte sich am Hinterkopf. „Nein, nicht viel. Aber es bedeutet 'ne ganze Menge. Sieh her, da steht es. Ach so, du kannst ja nicht lesen." Der Bäcker kratzte sich noch mehr. „Er hat nämlich gefragt, ob er kommen soll."

„Wer?"

„Der Sohn. Der Willem."

„Und was hast du geschrieben?"

„Ja — habe ich geschrieben."

„Und nun soll er doch nicht?"

Der Bäcker ging zu dem Gestell, wo die Stollen aufgereiht waren, dick mit Zucker bestreut. Daneben war ein Korb mit Rosinenplätzchen. „Da, hast du ein paar", sagte er, und weil er Neles Tasche sah, bückte er sich und steckte die Rosinenplätzchen hinein.
Nele nickte. „Danke. Ich gehe jetzt."
„Gut", sagte der Bäcker. Er blinzelte wieder. „Wie ist es, kommst du wohl an einem Briefkasten vorbei?"
„Freilich", sagte Nele, „gleich an der Ecke. Beim Gefängnis."
Der Bäcker machte das Papier ebenfalls glatt und steckte es in den Umschlag. Dann leckte er daran und drückte den Umschlag zwischen seinen dicken Fäusten. „Vergißt du's auch nicht?"
„Nein", sagte Nele. Sie nahm den Brief und rannte aus der Backstube.

Es schneite nicht mehr. Nur noch ein paar winzige Flocken, die Mauer glänzte. Nele ging an der Mauer entlang, bis sie an den Briefkasten kam, stellte sich auf die Zehenspitzen, der Briefkasten machte „klapp", dann ging Nele weiter, zu dem großen, eisenbeschlagenen Tor, und weil das Tor offen war, ging Nele hinein, überquerte den Hof, ging wieder durch ein Tor, dann die steinernen Stufen hinauf, und wieder Stufen, und wieder eine Tür, halb aus Holz und halb aus Eisen, dann kam sie in einen langen Flur, wo es viele Türen nebeneinander gab, so viele, daß Nele sie nicht zählen konnte. Sie waren alle verschlossen. Nele seufzte und hockte sich nieder, weil sie müde war, legte den Kopf auf die Hände und dachte: Wenn ich den Schlüssel hätte, würde ich aufschließen. Kaum hatte Nele das gedacht, da stand sie

schon drin, sie sah eine Lampe brennen, und einen Schemel sah sie, darauf saß jemand, ein Bursche, der hatte eine gestreifte Jacke und eine gestreifte Hose an, und Nele sagte: „Ist hier Bethlehem?"

„Nee. Falsch verbunden", sagte der Gestreifte. „Hier bestimmt nicht."

Er drehte verächtlich den Kopf und zeigte nach dem Fenster, das war klein und hatte Gitterstäbe.

„Bist du im Gefängnis?" sagte Nele.

„Merkst du das jetzt erst? Die Tür ist zweimal abgeschlossen. Komisch, daß du da reingekommen bist."

„Vielleicht ist sie jetzt offen", sagte Nele.

„Meinst du? Mal probieren", der Bursche war mit zwei Schritten an der Tür. „Pustekuchen. Noch immer fest zu."

„Was hast du denn gemacht?" sagte Nele.

„Wieso? Weil man mich eingebuchtet hat?" Der Sträfling steckte die Hände in die Taschen. „Alles egal. Könntest mir aber mal 'n Gefallen tun —"

„Was denn?"

„Hau ab!" schrie er. „Eh der Wärter dich erwischt. Sonst heißt es, ich hätte die Wand angekratzt, und es gibt Dunkelarrest über die Feiertage."

„Ich geh schon", sagte Nele.

Der Sträfling setzte sich auf den Schemel. Er kehrte Nele den Rücken zu. Nach einer Weile hob er den Kopf. „Na, noch nicht fort? Dir gefällt es wohl in dem Loch da?" Er drehte sich halb um, zog ein gestreiftes Taschentuch und schneuzte sich. „Sag mal — ist ja lachhaft, aber trotzdem — willst du wirklich — nach — nach —"

„Bethlehem", sagte Nele.

„Und weshalb — ich meine, weshalb kommst du dann hierher?"

„Weil Bethlehem quer über die Straße ist."

„Wer sagt das?"

„Die Mutter."

„Und du willst also — ich meine, dort in Bethlehem — da wolltest du —"

„Zum Christkind", sagte Nele.

„Ach so. Und du glaubst, du findest es?"

„Vielleicht", sagte Nele.

„Richtig finden?" Der Gestreifte drehte sich langsam auf seinem Schemel um. „Ich meine, nicht nur wie im Bilderbuch, oder sonntags, beim Paster. Ich meine, richtig mit Stroh und Lumpen — ein richtiges Lumpenbaby gewissermaßen —"

„Das Christkind ist kein Lumpenbaby", sagte Nele. „Das darfst du nicht sagen."

Der Bursche wippte mit dem Fuß. „Ich sage es aber. Weil es mir so gefällt. Und weil ich denke, es ist nichts anderes gewesen als ein richtiges kleines Lumpenbaby."

„Wenn du das nochmal sagst", erwiderte Nele, „gehe ich weg."

„Das kannst du", sagte der Sträfling. Er wiegte den Kopf, als müßte er über diese Sache nachdenken. „Trotzdem, wenn du es findest, ich meine, wenn du es wirklich findest — du weißt schon —, dann könntest du ja mal fragen."

„Was denn?"

„Nur so", sagte der Bursche.

Nele tippte ihn auf die Schulter. „Was soll ich fragen?"

„Na, ich meine", der Sträfling blinzelte zu dem kleinen, vergitterten Fenster, „weil es dort auch schlecht war. Kalt. Und kein Mensch hat sich gekümmert."

„Ich weiß", sagte Nele, „das steht in dem dicken Buch."

„In welchem Buch?"

„Aus dem die Mutter vorliest. Hast du nie vorgelesen bekommen?"

Der Sträfling machte sich an seinem Hosenbein zu schaffen. Es war eine schlechte, knittrige Hose, aus Sackleinen. „Und was da drinsteht, das stimmt?"

„Ja, das stimmt", sagte Nele.

Der Gestreifte bückte sich noch tiefer. „Wird ja alles mögliche erzählt. Aber ich, weißt du, ich glaube das nicht."

„Warum nicht?" sagte Nele.

„Weil —", sagte der Gestreifte, „— weil es ganz anders zugeht in der Welt."

„Wie denn?" sagte Nele.

„Na, zum Beispiel, daß ich hier sitze."

„Weshalb sitzt du hier?" sagte Nele.

Der Bursche hob den Kopf. „Geht dich nichts an. Rauslassen kannst du mich doch nicht."

„Nein, das kann ich nicht", sagte Nele. „Ich kann dir aber was schenken."

„Behalte den Plunder", der Gestreifte nahm den Kopf zwischen die Hände. „Geschenkt haben will ich nichts. Möchte nur wissen, wie du hier reingekommen bist —"

Nele wußte das auch nicht. Sie stand plötzlich wieder draußen im Flur, ging an den vielen Türen vorüber, die Stufen hinab, wieder durch einen Flur, und wieder Stufen hinab, dann über den Hof und durch das dunkle, in die Mauer eingelassene Tor. Nele war traurig, weil sie Bethlehem nicht gefunden hatte. Alles ist umsonst gewesen, dachte sie, nun will ich nach Hause und der Mutter sagen, daß man das Christkind nicht finden kann, wenn man quer

über die Straße geht. Sie rannte los, und beinahe hätte sie den alten Mann umgerannt, der auf einem Klappstuhl an der Straßenecke saß und rief: „Licht! Kauft Licht! Ihr Leute, kauft Licht!"

Nele blieb erschrocken stehen und betrachtete den Mann. Er hatte Bartstoppeln am Kinn, eine rote, knollige Nase und einen Hut, der tief in die Stirn hing. An den Ohren trug er Ohrenklappen, und Nele sah, daß dem Mann das linke Bein fehlte; deshalb hatte er die Hose umgeschlagen und sie mit einer Sicherheitsnadel festgesteckt. Er war aber ganz munter, der Mann, und rief: „Licht! Kauft Licht, ihr Leute! Kauft das Licht von Bethlehem!"

Nele, die schon an dem Mann vorüber war, kehrte sofort um, ging zu ihm und sagte: „Ist hier Bethlehem?"

„Klar", sagte der Mann. „Du hörst doch, was ich rufe."

„Das ist gut", sagte Nele, „ich habe Bethlehem lange gesucht."

„Und jetzt hast du es gefunden", sagte der Mann. Er lachte, daß man seine schlechten Zähne sah, rückte den Hut aus der Stirn und hielt Nele einen Pappkarton mit Kerzen unter die Nase. „Fünfundneunzig Pfennige", sagte er. „Nicht teuer, wie? Rein weiß, zwanzig Stück, mit Lichtanzünder, nicht tropfend."

„Ich will keine Kerzen", sagte Nele. „Ich will dem Christkind etwas schenken."

„Was denn, wenn es erlaubt ist zu fragen?"

„Den Ball", sagte Nele. „Oder die Puppe. Oder die Rollschuhe."

Der Mann nickte. „Freilich. Gebrauchen kann das Christkind alles."

„Ich habe auch einen Stern", sagte Nele.

„Zeig mal", der Mann schlug die Hand auf das heile Knie. „Dunnerlittchen, ist das ein prächtiger Stern! Schenkst du ihn mir?"

„Ja, aber ich dachte —", sagte Nele.

„Was dachtest du?"

„Ich dachte, das Christkind sieht anders aus", sagte Nele.

Der Mann fing plötzlich an zu lachen. Sein Gesicht wurde knittrig wie ein alter Handschuh. „Ach so, du meinst, ich bin das Christkind? Nee, nee, mein Püppchen!" Er rieb die Stoppeln und wollte gar nicht aufhören zu lachen. „Da sitze ich nun zehn Jahre hier und verkaufe Licht, aber für das Christkind hat mich noch niemand gehalten!"

Nele ärgerte sich. „Du bist ein böser, alter Mann!" sagte sie.

Der Mann lachte noch immer, dann machte er ein Gesicht wie eine Eule, endlich wurde er ernst. „Recht so", sagte er, „bring dem ollen Kerl bei, daß er Kerzen verkauft, nichts anderes. Licht von Bethlehem, haha!" Er lachte, bis er endlich aufhörte zu lachen. „Weißt du, wer ich bin? Der Invalide bin ich, jawohl, Gott mit uns. Und das Bein ist im Krieg geblieben, weil die Menschen nicht aufhören können zu schießen. Ja, so ist das. Aber hör mal", er beugte sich herab, und seine Äugelchen wurden ganz groß, „wer hat dir eigentlich verraten, daß das Christkind hier irgendwo in der Nähe ist?"

„Die Mutter. Man muß quer über die Straße, sagt sie."

„So. Und da bist du gegangen?"

„Ja."

„Und hast niemanden gefunden?"

„Doch", sagte Nele. „Eine alte Frau habe ich gefunden. Die saß allein in der Stube, weil der Mann gestorben ist und die Kinder keine Zeit haben."

„Wen noch?" sagte der Invalide.

„Einen Herrn im Pelz, der hat das Auto voll Geschenke, aber er freut sich nicht."

„Und dann?" sagte der Invalide.

„Ein Mädchen, das krank ist und immer allein."

„Und dann?"

„Schreijette", sagte Nele.

„Und dann?"

„Einen Mann, der im Schuppen sitzt."

„Und dann?"

„Die schöne Ilona, die im Bahnhof arbeitet, eine Treppe tiefer."

„Und dann?"

„Alfonso, mit dem niemand spielen will, weil er schwarz ist und keinen Vater hat."

„Und dann?"

„Den Bäcker, der dem Willem geschrieben hat, er soll kommen."

„Immer noch jemanden?"

„Den Gestreiften."

„Wen?"

„Den Mann im Gefängnis."

„Sind das alle?"

„Nein. Du noch," sagte Nele.

„Hm", der Invalide kratzte sich hinter dem Ohr. „So viele Leute, und das Christkind nicht dabei." Er wischte einen Tropfen von der Nase. „Oder sollte es doch dabei gewesen sein, und du hast es bloß nicht gemerkt?"

„Ich habe genau aufgepaßt", sagte Nele.

Der Invalide seufzte. „Schade", und weil es wieder anfing zu schneien, knöpfte er den Mantel zu. „Wäre gar nicht übel, wenn du es gefunden hättest. Mußt die Augen eben besser aufmachen, wie?" Dann griff er nach der Kerzenschachtel, schwenkte sie und rief: „Licht! Kauft Licht, ihr Leute! Kauft das Licht von Bethlehem!"

Nele sah noch, wie der alte, stopplige Mann den Pappstern auf den Hut steckte, dann lief sie heim, sie kam zur Mutter und redete allerlei, woraus die Mutter nicht klug wurde; aber vielleicht muß man gar nicht klug sein, um zu wissen, daß Nele wirklich in Bethlehem war und daß sie gefunden hatte, was sie suchte, denn Bethlehem liegt wirklich quer über die Straße, nirgends sonst.

Nele selber hat mir die Geschichte erzählt, freilich erst viel später, als sie schon groß war und auch ein Kind hatte, ein Kind, das jetzt, wenn die Tage dunkel werden, manchmal am Fenster sitzt, in die Flocken hinausschaut und sagt: „Mutter, wo ist Bethlehem?"

Wer mit NELE nach Bethlehem gegangen ist, wird gewiß auch

PIT UND DIE KRIPPENMÄNNER

besuchen. Pit ist vielleicht ein oder zwei Jahre älter als Nele. Er wohnt in einer Baracke am „Ende der Welt" bei seinem Großvater, und es geht den beiden nicht besonders gut, weil der Großvater keine Arbeit hat und Reiserbesen machen muß, aber wer kauft heute schon Reiserbesen? Zum Glück findet Pit einen Katalog von Kardorf, darin sind die Krippenmänner abgebildet: der Hirt Matti, die Weisen, der Soldat, der Wirt von Bethlehem, der Räuber Kolle Kunkel. Natürlich will Pit die Krippenmänner haben, aber er hat kein Geld. Deswegen will er sie wenigstens anschauen. So fängt die Geschichte an, und so geht sie weiter, es passiert eine ganze Menge, und es soll nicht verraten werden, was alles darin vorkommt und was besonders schön zu lesen ist. Jedenfalls erzählen die Krippenmänner auch noch Geschichten, und das gibt ein ziemlich dickes Buch mit großen, bunten Bildern, auf denen alles genau zu sehen ist, nicht bloß Pit und sein Großvater, nein, auch Zilla, Pits Freundin, und Arko, der Hund, und Erx, die Elster, und Tante Filzschuh und Vater Sprenkel, und jeder darf ein Kapitel erzählen, und zusammen sind es zwölf Kapitel, und welches das schönste und spannendste ist, müßt ihr selber herausfinden in

PIT UND DIE KRIPPENMÄNNER

Eine Weihnachtsgeschichte zum Lesen und Vorlesen
von Rudolf Otto Wiemer
mit farbigen Bildtafeln von Marie Marcks
erschienen bei J. F. Steinkopf Verlag Stuttgart